L'homme qui n'est pas mort

L'histoire d'Elie

James Hartwell Willard

Writat

Cette édition parue en 2024

ISBN : 9789359942780

Publié par
Writat
email : info@writat.com

L'HOMME QUI N'EST PAS MORT.

APRÈS la mort du roi Salomon, son fils Roboam devint chef des Israélites. La prodigalité et la magnificence de la cour de Salomon, ainsi que son mode de vie somptueux, avaient été compensés par de lourdes taxes. En voyant ainsi employés les immenses revenus du royaume, le peuple était devenu mécontent, puis déloyal.

Après que Roboam fut devenu roi, les Israélites lui demandèrent d'alléger les impôts et autres lourdes charges qui opprimaient les pauvres. Au lieu de suivre les conseils de ses conseillers plus âgés et de libérer le peuple de certains de ses fardeaux, le nouveau roi écouta les conseils des hommes plus jeunes qui avaient grandi avec lui et rejeta avec mépris la requête de ses sujets.

Le roi a rejeté avec mépris leur pétition.

Un homme très ambitieux nommé Jéroboam présenta la pétition à Roboam, et après son rejet, dix tribus se révoltèrent et firent de Jéroboam leur dirigeant sous le titre de roi d'Israël.

Le reste de la nation israélite à partir de cette époque était connu sous le nom de Royaume de Juda. Jérusalem restait sa capitale et Dieu était adoré dans le magnifique temple construit par le roi Salomon. Elle maintenait également le sacerdoce régulier, ses officiers descendant comme autrefois de père en fils.

Parmi les vingt souverains de Juda, quelques-uns servaient Dieu sincèrement. Les quatre meilleurs rois étaient Asa, Josaphat , Ézéchias et Josias. Asa combattit le culte des idoles qui avait corrompu le peuple, mais il fit alliance avec le roi de Syrie, qui était idolâtre. Josaphat , son fils, dirigea le royaume de Juda pendant vingt-cinq ans et, bien qu'il n'ait pas toujours fait le bien, son règne fut tranquille.

ASA LU LA LOI DE DIEU AU PEUPLE.

Ézéchias mena une guerre vigoureuse contre le culte des idoles et, autant qu'il le put, rétablit le culte de Dieu dans le temple. La Bible dit de tout ce qu'il entreprit pour la gloire de Dieu : *« Il le fit de tout son cœur et il prospéra »*.

ÉZÉQUIA A DÉTRUIT LES IDOLES DANS LE TEMPLE.

Ézéchias était un homme très courageux, et lorsque Sennachérib, le roi d'Assyrie, envoya une armée contre Jérusalem, son discours au peuple, lui disant d'être fort et courageux, car Dieu les aiderait et combattrait pour eux, n'était pas sans rappeler celui-là. de Josué quand il exhortait les Israélites à se confier en Dieu, au moment où ils étaient sur le point d'entrer dans le pays de Canaan.

SENNACHERIB, ROI D'ASSYRIE.

Le prophète Isaïe a vécu sous le règne d'Ézéchias. À un moment donné, alors que le roi était très malade , il pria Dieu pour que sa vie soit épargnée. Dieu a dit à Isaïe de lui dire qu'il avait entendu sa prière, qu'il le guérirait et prolongerait sa vie de quinze ans.

Quand Ésaïc eut transmis le message de Dieu, Ézéchias demanda un signe indiquant que ces choses devaient être faites, et Ésaïe dit qu'il pourrait décider si l'ombre sur le cadran solaire devait avancer de dix degrés ou reculer de dix degrés.

Ézéchias répondit qu'il était facile pour l'ombre d'avancer de dix degrés et demanda qu'elle puisse reculer. Dieu déplaça l'ombre comme le roi l'avait demandé, et il l'accepta comme un signe que sa vie devait être épargnée et que ses jours devaient être prolongés.

DIEU A DÉPLACÉ L'OMBRE EN ARRIÈRE.

Josias n'avait que huit ans lorsqu'il accéda au trône de Juda. Il a servi Dieu alors qu'il était encore enfant et a consacré sa vie à son service. Il régna plus de trente ans et fut finalement tué par une flèche alors qu'il défendait son royaume contre Nécho , roi d'Égypte.

"Josiah n'avait que huit ans."

JOSIAH A ÉTÉ TUÉ PAR UNE FLÈCHE.

Malgré les avertissements répétés des prophètes de Dieu, le peuple a continué à adorer des idoles, jusqu'à ce qu'en guise de punition, le royaume soit entièrement détruit. Après un siège de seize mois, Nabuchodonosor, roi de Babylone, prit la ville de Jérusalem, brûla le Temple et emmena prisonniers tous les habitants qui avaient survécu aux horreurs du siège. Ce fut la fin du royaume de Juda et le début de la période connue sous le nom de « captivité ».

Pendant quelque temps après la séparation d'Israël de Juda, il y eut une guerre entre les deux royaumes, mais plus tard ils formèrent une alliance pour empêcher le roi de Syrie d'empiéter sur eux. Plus tard encore, la vieille inimitié éclata de nouveau. Il y avait dix-neuf rois d'Israël en tout, et ville après ville devinrent la capitale du royaume, jusqu'à ce que, du temps de son sixième roi, Samarie devienne le siège du gouvernement.

Omri était le roi qui a bâti Samarie. Les monarques qui l'ont précédé se distinguaient par leurs mauvaises actions, mais Omri les dépassait en méchanceté. Le règne de son fils Achab fut encore pire, et à propos de ce roi d'Israël la Bible dit : *« Achab fit plus pour irriter l'Éternel, le Dieu d'Israël, que tous les rois d'Israël qui furent avant lui. »*

RUINES DE SAMARIE.d'après une photographie.

Achab épousa Jézabel, une princesse phénicienne , et ce fut le point culminant de sa carrière pécheresse. Jézabel était sans principes et intolérante, et comme Achab était un homme faible, il n'était guère plus qu'un outil entre ses mains. Elle introduisit aussitôt le culte de Baal et d'Ashtoroth , les dieux mâles et femelles de son propre pays. Elle fit construire un grand temple au sommet d'une colline, et là se poursuivait le culte de ces idoles. Quatre cent cinquante prêtres et serviteurs administraient les services de Baal, et quatre cents ceux d' Astoroth .

Non contente d'introduire ce culte païen, Jézabel persécuta les rares membres de la nation qui restaient fidèles au culte de Dieu. Elle fit détruire leurs autels et, pour sauver leur vie, ils s'enfuirent dans les solitudes les plus sauvages et se cachèrent dans les grottes, comme l'avaient fait leurs ancêtres au temps des Juges.

Pendant que tout cela se passait, et pendant qu'Achab s'occupait de la construction d'un splendide palais à Jezreel, un personnage nouveau et surprenant apparut sur la scène. Personne ne savait d'où venait le mystérieux étranger, car, enveloppé dans une cape ou un manteau en peau de mouton, il affrontait le roi étonné.

Le nom de cet étrange visiteur était Élie, un homme dont on a dit qu'il était « le personnage le plus grandiose et le plus romantique qu'Israël ait jamais produit ». Ses cheveux longs et épais indiquaient une endurance remarquable et, en plus de son manteau en peau de mouton, il portait une ceinture faite de peau d'animal qu'il resserrait, à la mode de l'époque, pour se déplacer rapidement.

LE NOM DE CET ÉTRANGE VISITEUR ÉTAIT ELIJAH.

Élie était l'un des prophètes de Dieu, et sa mission était d'annoncer à Achab qu'un jugement était sur le point de tomber sur le pays, parce que le peuple avait abandonné l'adoration de Dieu et s'était prosterné devant les idoles. Ce châtiment devait prendre la forme d'une sécheresse, un fléau toujours terrible, mais particulièrement dans les pays de l'Est où toute la végétation se dessèche rapidement lorsque l'eau manque.

RÉSULTAT DE LA SÉCHERESSE EN PALESTINE.d'après une photographie.

Le message d'Élie était très bref, et avant que le roi se soit remis de son étonnement, le prophète était parti aussi brusquement qu'il était apparu.

Nous n'avons aucune trace indiquant qu'Élie s'était installé dans sa maison. Les sentiers sauvages du désert et des montagnes lui étaient familiers, et il habitait là où un arbre s'étendant lui offrirait un abri feuillu. Il se déplaçait d'un endroit à l'autre, selon les commandements de Dieu. Alors qu'il quittait Achab, la parole de Dieu lui fut adressée, lui ordonnant de se tourner vers l'est et de se cacher près du ruisseau de Kerith.

Élie restait dans cette retraite aussi longtemps que le ruisseau qui tombait lui fournissait de l'eau pour étancher sa soif, et pendant ce temps il était nourri par des corbeaux qui, deux fois par jour, lui apportaient du pain et de la viande. Au bout d'un moment, le ruisseau tarit et les feuilles qui l'avaient protégé du soleil féroce se ratatinèrent et tombèrent au sol, car la sécheresse promise s'abattait sur la terre.

"ELIJAH A ÉTÉ NOURRI DEUX FOIS CHAQUE JOUR PAR DES
CORBEAUX."

De nouveau, la parole de Dieu tomba sur Élie, lui indiquant le chemin à suivre pour se rendre à son prochain refuge. Le prophète traversa les montagnes du Liban, où les ruisseaux étaient aussi asséchés que celui de Kérith. Descendant leurs pentes ultérieures, il traversa les plaines à leurs pieds et, le visage toujours tourné vers la mer, s'approcha du village ou de la ville de Sarepta. Le village moderne de Suraflud est censé occuper son emplacement, et on y voit les ruines de l'ancienne ville.

LE SITE DE ZAREPHATH.à partir d'une photographie.

Élie était maintenant en Phénicie , pays natal de Jézabel, épouse du roi Achab. Il semblerait que ce soit le dernier endroit où un ennemi de Baal chercherait refuge, mais Élie savait que Dieu avait un dessein en l'y envoyant. Ethbaal , le père de Jézabel, était roi de Phénicie , et la famine qui suivit la sécheresse avait gagné ce pays et y causait de terribles souffrances.

Juste à l'extérieur de Sarepta, Élie trouva une femme qui ramassait du bois pour le feu. Elle était veuve et dans une telle pauvreté que toute la nourriture qu'elle avait au monde était une poignée de farine et un peu d'huile dans une bouteille ou un pot. Consumé par la soif, Élie lui demanda de l'eau et, comme elle se retournait pour l'apporter, il lui demanda aussi un morceau de pain.

Malheureusement, la femme lui a dit qu'elle n'avait pas de pain. Elle ramassait des bâtons pour faire un feu sur lequel elle ferait cuire la poignée de farine et le peu d'huile qui restait dans la bouteille. Quand elle et son fils auraient mangé cela, ils n'auraient plus de nourriture et mourraient par conséquent de faim.

Il est probable que cette femme était une Israélite et non une adoratrice de Baal, car, quand Élie lui dit de mélanger la farine et l'huile pour en faire un gâteau et de le cuire pour lui, il ajouta : « *Car ainsi parle l'Éternel, le Dieu d'Israël : le tonneau de farine ne se gaspillera pas, et la cruche d'huile ne manquera pas, jusqu'au jour où le Seigneur enverra de la pluie sur la terre''*, la femme fit ce qu'on lui disait, reconnaissant évidemment en lui un prophète de Dieu. Elle le nourrit avant qu'elle et son fils ne goûtent à la nourriture, et lui donna également l'abri de sa maison ; et pendant toute la période de sécheresse et de famine, l'approvisionnement en farine et en huile n'a jamais manqué.

Au bout d'un moment, des ennuis s'abattirent sur la petite maison. Le fils de la veuve tomba soudainement très malade puis mourut. La mère, le cœur brisé, demanda à Elie pourquoi il était venu vers eux uniquement pour tuer son fils. Le prophète répondit : *« Donne-moi ton fils »*, et, prenant le garçon des bras de sa mère, il le porta dans sa propre chambre et le déposa sur le lit.

Alors Élie invoqua Dieu et pria pour que l'enfant revienne à la vie, et Dieu entendit sa prière, car le garçon se redressa vivant et en bonne santé. Le prenant dans ses bras, le prophète porta l'enfant à sa mère, qui était si heureuse qu'elle s'écria : *« Maintenant, je connais par ceci que tu es un homme de Dieu et que la parole du Seigneur est dans ta bouche. »*

"ELIJAH A PORTÉ L'ENFANT À SA MÈRE."

La sécheresse persistait et les horreurs de la famine causées par la mauvaise récolte se faisaient sentir en Samarie. Achab était désespéré. Partout, les chevaux et autres animaux mouraient, car il n'y avait pas la moindre herbe ou herbe d'aucune sorte à manger, et partout les ruisseaux étaient à sec.

Le chef de la maison d'Achab était un homme nommé Abdias. Il était un fidèle serviteur de Dieu et, pendant les amères persécutions de Jézabel, il avait caché une centaine de personnes qui adoraient Dieu dans une grotte et les y nourrissait. Achab prit alors Abdias et partit à la recherche désespérée de pâturages et d'eau pour les animaux, le roi allant dans un sens et son serviteur dans l'autre, pour ce qui semblait être une mission désespérée.

Avant qu'Abdias soit allé très loin, Élie se tenait soudainement devant lui. Rapidement, le prophète lui dit d'aller voir Achab et de lui dire *« Élie est ici »*. Abdias craignait qu'Élie ne disparaisse avant de pouvoir lui amener le roi, mais, rassuré par Élie, il partit à la recherche d'Achab.

UN CHAMP EN PALESTINE AUJOURD'HUI.à partir d'une photographie.

Or Achab cherchait dans tout son royaume le mystérieux étranger qui l'avait prévenu de la sécheresse imminente, trois ans auparavant ; aussi, dès qu'il apprit d'Abdias que l'étranger était réapparu, il alla à sa rencontre. Lorsqu'il vit le prophète, il lui demanda : *"Es-tu celui qui trouble Israël ?"* Élie répondit qu'il n'avait pas troublé Israël, mais que le mauvais règne d'Achab et celui de son père avant lui avait été la cause de la sécheresse.

Alors Élie dénonça l'idolâtrie d'Achab, et suivit cela avec l'ordre de rassembler son peuple sur le mont Carmel, et d'amener également tous les prêtres et serviteurs de Baal et d'Ashtoroth . Achab n'osa pas désobéir, et une foule nombreuse, fatiguée et apathique, se rassembla sur les pentes brûlées par le soleil de la montagne. Les prêtres étaient là, vêtus de magnifiques vêtements, et le roi lui-même, tous impatients et impatients. Une source d'eau, apparemment inconnue auparavant, coulait non loin de là.

Élie est apparu avec un seul accompagnateur, et bientôt sa voix a retenti. *"Jusqu'à quand hésiterez-vous entre deux opinions ? Si l'Éternel est Dieu, suivez-le ; mais si c'est Baal, alors suivez-le."*

Les gens étonnés restaient bouche bée. Alors Élie parla encore, disant qu'il n'était qu'un seul prophète, tandis que devant lui se trouvaient quatre cent cinquante prophètes de Baal. Il a ensuite proposé un test de pouvoirs.

CULTIVER LA TERRE EN PALESTINE AUJOURD'HUI.à partir d'une photographie.

Il demanda qu'on lui fournisse deux bœufs. Les prêtres de Baal devaient en prendre un et le préparer pour le sacrifice en le posant sur le bois sur l'autel de leur dieu, mais ils ne devaient pas y mettre de feu pour l'allumer. Il préparerait l'autre bœuf de la même façon.

Alors les prêtres de Baal devaient invoquer leur dieu, et il invoquerait son Dieu, et le Dieu qui répondait en envoyant du feu pour consumer le sacrifice qui lui était offert, devait être le Dieu du peuple. La réponse du peuple, abattu par une longue endurance de misère, était prête, et comme un seul homme, ils crièrent : « C'est bien dit. »

L'autel de Baal était préparé et le sacrifice y était disposé selon la forme appropriée. Il ne manquait que le feu. Les prêtres de Baal priaient à haute voix. Sauvages, ils sautèrent autour de l'autel, criant encore et encore : *« Ó Baal, écoute-nous. »* La matinée s'écoula et il n'y eut aucune réponse ; aucun feu ne semblait consumer le sacrifice.

Vers midi, Élie se moquait des prêtres affolés, leur disant : *« Criez à haute voix, car c'est un dieu ; ou bien il parle, ou bien il poursuit, ou bien il est en voyage, ou peut-être qu'il dort et il faut le réveiller. "*

Les prêtres de Baal acceptèrent sérieusement ce conseil. Ils suppliaient et déliraient plus sauvagement, et se blessaient dans leur frénésie, appelant continuellement Baal pour les entendre. Et ainsi l'après-midi s'écoula.

SOMMET DU MONT CARMEL AUJOURD'HUI.à partir d'une photographie.

Alors que le soleil se couchait, Élie s'approcha de l'autel qu'il avait bâti avec douze pierres, une pour chacune des tribus d'Israël. Le sacrifice, soigneusement préparé, gisait sur le bois. Tout autour de l'autel, une tranchée avait été creusée, et elle était maintenant remplie de l'eau qui avait été versée sur le sacrifice.

Alors Élie pria Dieu, lui demandant de faire savoir au peuple ce jour-là qu'il était le Dieu d'Israël et que c'était par son ordre qu'il avait fait ces choses. À la fin de sa prière, un feu non allumé par des mains mortelles éclata. Sans être contrôlé par l'eau, il enveloppa les sacrifices et l'autel dans les flammes et les consuma, léchant même l'eau de la tranchée avec son souffle brûlant. A cette vue, le peuple se prosterna en criant : *« Le Seigneur, il est Dieu, le Seigneur, il est Dieu. »*

LE SACRIFICE D'ÉLIE SUR LE MONT CARMEL.

Les prêtres de Baal, qui étaient en grande partie responsables de l'idolâtrie de la nation, tremblaient et étaient consternés. Rapidement, Élie ordonna de les détruire, et cela fut fait. Il se tourna ensuite vers Achab et lui dit de manger et de boire en toute hâte, car la pluie tant attendue était proche, bien qu'aucun signe de son approche ne soit visible.

Accompagné uniquement de son serviteur, Élie se rendit alors au sommet du mont Carmel et s'accroupit sur le sol dans la position de méditation communément adoptée dans les pays de l'Est. Il envoya son serviteur à un endroit offrant une vue sur la mer Méditerranée, lui ordonna de regarder autour de lui et de lui faire part de ce qu'il avait vu.

Six fois le domestique revint en disant qu'il ne voyait rien. La septième fois, il rapporta qu'il pouvait voir un petit nuage, pas plus gros qu'une main d'homme, sortir de la mer. Envoyant l'homme avertir Achab que la pluie approchait rapidement et qu'il devait rentrer immédiatement chez lui, Élie descendit alors la montagne en toute hâte pour rencontrer le roi à son pied.

UN PETIT NUAGE SORTANT DE LA MER.

Avec toute la rapidité dont il était capable, Achab atteignit à peine son palais de Jezreel à temps pour échapper à la fureur de la tempête. Élie courut devant le char royal sur toute la distance de seize milles, mais il n'entra pas dans le palais.

Jusqu'à présent, le triomphe revenait à Élie. Le peuple était convaincu, les prêtres de Baal étaient morts, le roi était stupéfait. Mais Jézabel était implacable dans sa haine du prophète. Elle était si furieuse quand Achab lui raconta ce qui s'était passé ce jour-là, qu'elle envoya un message à Elie, lui disant qu'avant qu'un autre jour ne passe, elle aurait sa vie. Bien qu'il fût un prophète, Élie céda devant la menace de la reine idolâtre et s'enfuit pour sauver sa vie.

Laissant son serviteur à Beer- Sheva , Élie partit pour une journée de voyage dans le désert, se jeta sous un buisson solitaire et, dans un accès de désespoir, pria pour qu'il meure. Épuisé d'excitation et de fatigue, il s'endormit, mais se réveilla pour trouver de la nourriture et de l'eau à côté de lui, ainsi qu'un ange qui lui disait de se rafraîchir avec les provisions que Dieu lui avait envoyées.

ELIJAH S'EST RÉVEILLÉ POUR TROUVER UN ANGE À CÔTÉ DE LUI.

Deux fois, Élie mangea et but la nourriture miraculeuse, puis, dans sa force, voyagea quarante jours et quarante nuits jusqu'à ce qu'il atteigne le mont Horeb, l'endroit où Moïse reçut l'ordre divin de délivrer les Israélites du pharaon.

Élie trouva refuge dans une grotte, et là il entendit la voix de Dieu lui demandant : « *Que fais- tu ici, Élie ?* La réponse du prophète fut pleine d'amertume et de dépression, mais ses plaintes furent interrompues par l'ordre de sortir de la grotte et de contempler les œuvres merveilleuses de Dieu. Enroulant son manteau autour de lui, Élie sortit sur le flanc de la montagne pour observer.

Tandis qu'il se tenait là, un vent puissant rugit parmi les rochers et les déchira en morceaux. Puis un tremblement de terre secoua le désert, jusqu'à ce que la montagne elle-même tremble sous le choc. Puis un feu aussi mystérieux que celui qui illuminait le buisson au temps de Moïse, joua sur les hauteurs solitaires. Après une pause, *« une petite voix douce »* murmura à l'oreille de l'observateur solitaire une révélation réconfortante et lui indiquant un devoir supplémentaire. Fortifié et réconforté, Élie laissa la montagne solitaire derrière lui et rencontra bientôt l'homme qui devait l'encourager comme compagnon et lui succéder comme prophète.

UNE TEMPÊTE EN PALESTINE.à partir d'une photographie.

Cet homme était Elisée, le fils de Shaphat . Il labourait les champs autour de sa maison avec douze paires de bœufs. En passant devant lui, Élie jeta son manteau bien connu sur Élisée, qui reconnut dans son action qu'à partir de ce moment il devait être le serviteur et l'ami du prophète. Faisant ses adieux à son père et à sa mère, Élisée suivit Élie, commençant ainsi une longue période de service et de relations sexuelles avec lui.

ELISHA LAURAIT SES CHAMPS.

La disparition d'Elie après son triomphe sur les prêtres de Baal, fit probablement croire à Achab et Jézabel qu'ils avaient vu le dernier du prophète. Ils ont certainement continué dans leurs mauvaises voies, car bientôt nous lisons qu'Achab convoitait la vigne d'un homme nommé Naboth. Cette vigne était tout près des murs du palais d'Achab, et il souhaitait en faire un jardin.

Mais Naboth ne voulait pas vendre sa vigne ni l'échanger contre une autre, car elle appartenait à sa famille depuis très longtemps. Son refus rendit Achab tellement en colère et déçu qu'il se jeta sur son lit et refusa de manger ou même de parler. Dans cet état, Jézabel le trouva et commença aussitôt à le réconforter, lui disant qu'il devrait avoir sa vigne.

La première chose que fit cette méchante femme fut de soudoyer des témoins pour qu'ils disent que Naboth avait dit du mal de Dieu et aussi du roi. Naboth fut condamné et lapidé à mort. Achab prit alors possession de la vigne, et comme il s'y promenait un jour, il aperçut Élie venir vers lui. En tremblant, le méchant roi s'écria : « *M'as-tu trouvé, ô mon ennemi ?* Élie répondit qu'il l'avait recherché, non pas parce qu'il était son ennemi, mais pour lui dire qu'il devait être puni, parce que toute sa vie il avait fait du mal.

DE FAUX TÉMOINS ONT TÉMOIGNÉ CONTRE NABOTH.

Achab fut tué au combat trois ans plus tard, et plus tard, Jézabel connut une mort terrible, car elle fut jetée d'une fenêtre par ses propres serviteurs et écrasée à mort sur les pierres en contrebas.

La mort de Jézabel.

Lorsque le moment fut venu pour Élie de cesser son œuvre sur terre, il emmena Élisée avec lui dans un endroit appelé Guilgal. Ils traversèrent le Jourdain d'une manière aussi merveilleuse que celle du passage des Israélites en Canaan, plusieurs années auparavant. Elie frappa les eaux avec son manteau et ils se séparèrent et s'en allèrent ; un chemin sur lequel les deux marchaient en toute sécurité.

Là, pendant que ces deux hommes de Dieu parlaient ensemble, un char de feu et des chevaux de feu apparurent et les séparèrent. Élie fut entraîné dans le char et emporté au ciel. Mais avant qu'il ne disparaisse, son manteau lui tomba. Élisée s'en empara et reçut avec lui le pouvoir d'accomplir des miracles que Dieu avait donné à Élie, l'homme qui n'est pas mort.

"ELIJAH A ÉTÉ ENTRAÎNÉ DANS LE CHARIOT."